JN440625

당신의 귀가 닫힌다

국립중앙도서관 출판시도서목록(CIP)

당신의 귀가 닫힌다 : 전성희 시집 / 지은이: 전성희. --
대전 : 오늘의문학사, 2013
p. ; cm. -- (문학사랑시인선 ; 23)

2013년 부산진구 문화예술 창작지원금 일부를 지원받아 제
작됨
ISBN 978-89-5669-565-5 03810 : ₩10000

한국 현대시[韓國 現代詩]

811.7-KDC5
895.715-DDC21 CIP2013013940

당신의 귀가 닫힌다

전성희 시집

오늘의문학사

■ 시인의 말

가끔 시간의 계산대에 내가 세워진다.
삶을 측량하며 살아 온 날들
가장 섬세한 날의 기억들이
아늑한 그리움으로 번져온다.
때로는 화음이 가라앉은 건반처럼
내 안의 습도를 조율하는
나는 작은 울림에도 반응한다.
시간의 버튼은 일상을 충전시켜주고
또 습관적 기도에 마음을 머물게 한다.
내 삶의 행로에 빛이 되어 준 가족들
사랑의 힘으로 행복을 위한
끝없는 詩의 영혼을 지펴나간다.

인연의 꽃을 피워주신 《문학사랑》에
감사한 마음을 담는다.

저자 전성희(全星姬)

차 례

1부 마임이스트

2부 햇살짓기

3부 불빛을 듣는다

4부 사랑의 입자

1부

마임이스트

단추를 끼우며

무채색 재킷을 입을 때는
언제나 잘못 끼운 단추가 어긋났다
팽팽하게 조여 오는
신체의 휘어진 선으로 흘러내리던
첫 번째 방향이 틀어진 걸 알았다
엉킨 하루를 지나는 옷깃
규격이 처음부터 어긋난다는 것을 알지 못했다
좁은 공간을 조율하지 못하고
자꾸만 채우려는 것에 집중하던
내게도 어울리지 않는 색깔이 있었다

세밀하지 못한 안목과
가장 작은 것에 대한 탐색을
섬세한 몸으로 반듯하게 키워야했다
희미한 단추 구멍을 보면 길을 알듯이
어긋난 단추 하나가 나를 조여왔다
헐거워진 저녁의 시간대를
하염없는 세월로 채워가며
단추의 규격에 나를 맞추기도 했다
종횡의 계절을 맞춰보지만
체온은 제 감각을 해독하지 못했다

당신의 귀가 닫힌다

불러도 뒤돌아보지 않는
나는 당신의 귀를 의심한다
바람의 속삭임에
꽃잎이 스러지던 사월 발자국
귀 기울이는 당신
세상소리에 민감한
당신의 두 귀는 청음으로 환히 열린다

당신의 안온한 표정이 시선을 끌어당기던
관대한 눈빛만으로 생을 거래하고
음향이 기울어져가는
청각은 아주 조용히 방향을 잃는다

그림자처럼 혼잣말을 남기고 돌아서는
힘없는 등골
바람의 근성으로 끄덕이던 모습
감지되곤 한다
계절의 책갈피를 넘기듯
벌써 당신의 시선은
저만치 푸른 창을 넘는다

작은 상자 속의 보청기가 진동하면
세상의 탁음들을 비워내기 위해
귀의 길을 비켜간 많은 소리들이 흘러나온다
당신의 따스한 타원형 귓바퀴에서
생전의 한마디가 열리고 있다

마임이스트

프리다 칼로의 생을 풀꽃으로 피우는
벼랑 위의 남자는
부러진 척추 마디를 맞추며
필생의 날갯짓을 한다
지상의 가장 후미진 곳을 찬란하게 하는
초현실 게임은 아름다운 회생이다

그대는 가장 높이 날아서
새의 낙법을 터득한다
고독의 환부마다 옹이로 박힌
그대의 영혼은 절규한다
절실한 몸짓으로 세상을 소통하고
마음의 벽 모두 허물어 일어서는 슬픔을 사투한다

그대는 흔들리지 않고
주어진 생의 길을
잠시 머물다 가는
구름 같은 삶의 자화상이다
외로움을 몸의 빛깔로 치유하는
푸른 남자

지상의 출구가 필요없는
가장 높은 곳을 향해
그대 오늘도 꽃잎으로 날아 오른다

철새는 날아가고

콘도르의 신전에는 독수리가 없다

추억을 풀어내던 칠십 년대 코스모포리탄 찻집
푸득거리는 날갯짓으로
벽화로 그려진 찻집을 맴돌았다
젊은 독수리들은 쉼없이 날아 들어와
음악실에서 슬픔을 취하곤 했다

삼백년 얽메인 리듬이
안데스 광장으로 나를 끌어가고
철새들의 비상망인 양 둥근 벽면
접선을 시도하는 메모들이
비행접시처럼 이륙의 손길 기다렸다

더러는 흘러가버린 시간들
너의 깊은 곳에서 잃은 것을 찾게 되는
세상의 가장 섬세한 소리를 들었다*
허물어지던 날갯짓
소리없이 먼 하늘 비상하며
보금자리 향해서 날아갔다

맥박처럼 가파른 새의 길들
그리움이 머물다 간 자리를
너는 추억을 적시며 흘렀다

* 페루의 안데스지방 원주민들이 부르던 전래민요

너를 디자인하다

나는 잘려진 나무들의 표정을 읽는다
나이테의 굳은 살점마다
잿빛 철사로 몸통을 비틀어
너를 디자인한다는 건
꺾인 골절을 더욱 상처 내는 일이다
너의 육신에 유유히 흐르는
붉은 실핏줄이 슬픔으로 이음질 하여
잘려진 표정들을 재단하는 일은
나무들의 통증을 키우는 일이다
분해된 가지들이 패잔병처럼 널브러져
햇살을 거부한 채 시들어간다

얽힌 꽃나무의 영혼마다 뒤틀어지는
옭아 맨 가지들의 끈적이는 눈빛을 본다
다양한 모습으로 디자인된
가지의 잘린 근육마다 촉진제가 꽂히면
한 서린 뿌리들이 생명줄을 내린다
살을 깎아내어 꿈을 재단하는 사람들
멈추지 못하는 모진 손짓들이
쉼없이 비틀수록 더욱 빛이 나는 사이
너의 몸에서 아픈 생의 단면이 보인다

꽃의 자화상

죽어야 산다는 명언을 아는가
한 때 꽃을 자르는 작업에 취하여
꽃술의 심장을 분리할 때마다
살아 움직이는 쓸쓸함을 보았다
비린 꽃물로 흔적을 씻어내던 生
비로소 제 빛깔을 찾아 선명하게 되살아났다

모호한 인연들에게
영혼이 얼어붙도록 도취된 적 있었다
방향을 잃지 않으려 뒤틀어진 육신들
일정한 약속으로
꼿꼿이 일으키는 몸의 정령
저 뜨거운 생명 앞에서
내 몸의 줄기세포도 함께 빛을 얻었다

자르면 자를수록 곧게
너의 온도는 다시 액자 속에서 되살아났다
희망의 손끝이 열기에서 뻗어나는
죽어야 사는 너의 자화상
한 떨기 환상으로 다시 피어나
또 하나의 신비로운 혼령을 불러냈다

핸드폰

너는 나를 매달고 언제나 꿈꾸었다
가끔은 너의 수신음에
나의 하루가 채색되었다
너는 때로 주인의 손길 외면당한 채
유행 따라 고리를 교체하며 인형으로만 머물어
한동안 깊은 잠에 들었다

내 손아귀에서 숱한 전파를 타며
바람 속을 달렸다
세상의 온갖 소리를 연결해주던 그대
너의 몸에는 항시 일상의 바이오리듬이 흐르고
더러는 살갗이
행복한 정보에 반짝였다

생의 행로에 매달려
너는 여러 소리음을 달고
결핍된 숨결을 이어주던 또 하나의 얼굴
계절 따라
건조한 서랍 속에서
얇은 전원으로 닳았다

언젠가 전송 될 빛나는 그대를 위하여
푸른 세상을 눈부시게 충일하였다

벼랑 위의 사랑

— 구스타프 클림트에게

세상의 절벽에도 길이 있었네
복선의 모호한 그림자를 끌어당기며
서로를 확인하는 허공의 입맞춤을 보았네

어떤 사랑은 금빛그림으로 빛나고
또 다른 사랑은 슬픈 그림으로 잊혀져 갔네
때로는 벼랑도 은밀한 은닉처가 되는
지상의 지문을 찍는 포옹을 보았네

허공을 집착하지 않는
완전한 자유를 꿈꾸는 지독한 줄다리기를 읽었네
때로는 시간을 타고
또는 바람을 타는
아늑한 그리움의 역설이
클림트의 그림에 있었네

한번 쯤 지나치다 눈길 멈추던
나열된 수많은 입맞춤
헛된 로망으로 서있는 벼랑 위의 그림을 읽었네
비상구도 잃은 사랑의 깊이를 재어보았네

옛날의 풍경 속

아직도 완성되지 못한 그림을 생각했네
오래 된 숲속의 그림들이 나를 불렀네
세월은 어떤 풍경으로 그를 그려냈을까
나는 잘 삭혀진 그의 풍경을
내 안의 액자에 깊숙이 넣어
오랜 세월 나의 벽에 걸어두었네

그리움의 시간이 흘러 슬픔으로 발효되던
그때 그 빛나던 섬광
단 한 번의 명랑한 풍경을 완성하기 위해
몇 해를 숲속을 찾아 헤매었네
숲 속은 한낱 젊음의 분기점이었네

우거진 추억의 연결음이 다시 열리고
너는 아직도 그림 속 정령으로 남아있었네
눈빛으로 말할 수 있는
내게 녹음의 귀를 연결하고 있었네
명랑한 풍경 속
내 몸에 새겨진 세월의 지문을 찾아
완성된 액자 밖에서
푸른 나무로 내 벽을 향해 걸어오고 있었네

태풍 속에서

바람의 숙성은 가장 눈먼 곳에서 시작되었다
지상을 교란하는 악순환이 이어지고
경계를 잃은 낯익은 현수막들이 미끄러져 내렸다
가까웠다 멀어져가는 생의 간판들
통제할 수 없는 태풍의 얄팍한 이력을 보았다
태평양을 건너 온 바람의 번지수는
이미 허리까지 굴절된 기억들로 헤엄쳐 올랐다

불빛으로 난파된 어둠속
필생을 건 바람의 오류에
무력해진 삶들이 수위를 저었다
파열음이 맴도는 물의 노래를 들었고
균형 잃은 어둠의 발자취도 사라졌다

인기척 실은 입김들이 무겁게 떠다니고
물보다 냉혈한 바람의 눈빛은 슬픔을 빨아들였다
한 때 중심을 놓았던 시간들
잊혔던 세월은 간간히 해일로 넘쳐흘렀다
때때로 흔들림의 위력은
불면을 일으키며 거슬러 간
기억 속의 상흔으로 술렁였다

최면내시경

내가 잠든 사이
그대는 이따금 내 심장에 최면을 걸어왔네
내 안의 슬픈 비밀을 가두어 둔
말없음표 부호들을 문자로 걸러내어
그대는 생시의 시간들을 풀어내고 있었네

못다 한 말들
그대는 눈부신 투시력으로
내 안에 잠든 나를 일으켜 주었네
꿈의 프리즘을 통해
영혼의 파장을 탐색하던 그대
서로를 부딪끼며
세월을 옭아매던 기억들
거미줄처럼 얽혀버린 이야기들이 풀려 나왔네

내가 꿈꾸는 사이
가끔 꿈속의 내게 다가와
그대의 최면술은 애틋한 암호를 해독하며
녹슬지 않은 시간을 끌어내고 있었네
그대의 확장된 내시경
내 숨결에 그윽한 촛점을 맞추고 있었네

불꽃축제

못내 불빛으로 끝나는 너를 보았어
푸르고 깊은 하늘을 품은 너의 얼굴
고독의 레이스를 드리우며
붉게 물들고 있는 외로움을 보았어
너는 벌써 내 감성을 침투하여 스쳐갔을 뿐
슬픔을 작동하는 나를 감지했어

전혀 몰랐던 너의 발자취
가을의 절대음감이란 것을 알지 못하고
그리움을 터득한 후에야 느끼게 되었어
끝이 보이는 않는 수평선 위를
언제 솟아오를지 모르는 분화 같은 물결을 보았어
바람결에 하나 둘 표적을 만들며
여과 없이 나를 흔들어대던
네 시월의 붉은 문장은 늙지 않았어

희망으로 쏘아올린 바람의 눈빛에
너는 기다림이 되고
여울져가는 빛깔로 나를 물들게 했어
저만치 환희로 가슴을 펴는
나는 뜨겁게 사르는 너를 조율했어

하늘과 땅이 맞닿으며
너는 그리움으로 맞물린 시월의 정령이었어

행복 세탁소

옷을 맡겨보면 근원을 안다
촘촘한 단추의 틈까지
세탁물의 정갈한 주름에서
세탁소의 이력이 드러난다
느슨한 몸피를 탄탄하게
특정한 이름의 세탁법이 나를 떠받쳐준다

언젠가 나도 누군가에게 맡겨진 적 있다
지퍼가 엇갈린 틈새에서
도무지 잘 채워지지 않던 젊은 세탁
제대로 잡히지 않는 한 가닥 주름을 잡느라
옷의 표정은 더욱 구겨진다
모양새가 흔들린다는 것은
미세한 생채기를 더욱 덧나게 한다
주름의 각질을 벗겨내는 다림질에서
나는 나를 터득한다

휘발되지 않은 세상의 냄새에
경계를 허물지 못하는
각도가 틀어진 바람을 나는 조여본 적 있다
아직 석유 내음 가시지 않은 옷깃

묵은 채취를 거두어가는
낯선 기술의 세탁법을 나는 배운다
용해되지 않은 생의 주름에
내 체온의 열기를 팽팽히 지펴본다

트릭아트에서의 해후

수십 해를 사랑은 나를 어둠에 가두었다
세상의 그림에도 속임수가 통한다는 것을
미술관에서 비로소 알았다
모나리자에게 미소가 사라지던 날
불현 듯 나는 붓을 들고 미소를 그려 넣었다
그대가 외면했던 진실에 빛깔을 칠하고
미술관을 돌아서 나오는 순간
무지개는 허공에서 사라졌다

다각형 거울 속에서 그대 나를 주시하고
나는 그대 모습을 통해 환상을 지웠다
먼 훗날 한 치의 속임수도 변명하지 않고
미술관은 내게 눈빛으로 일러주었다

내 어깨에서는 날개가 돋아 퍼덕이고
홀로 자유로워지기 위해서
더욱 완고한 생각이 필요한 것을 알았다
사랑은 결코 트릭과 함수 관계라는 것을
위험한 미술관에서 깨달았다
깃털처럼 가벼운 그대 연민을 보았다

2부

햇살짓기

빈 의자

햇살은 한적한 삶의 접속을 꿈꾼다
안과 병동 휴게실
온기 남아있는 의자가 회전하고 있다
그대와 연결되던 자리
쉴새없이 몸피를 갈아타며
세상의 긴장을 풀고 있는 나사들이
삐걱이는 하루의 조바심을 조이고 있다
디딘 발자취의 마일리지마다
초조한 일상을 처방 받기 위해
햇살에 건조해진 눈동자들을
물 좋은 빌딩으로 끌어모은다
이따금 건강지수에 흐려진 눈빛들이
잘 조여진 진찰대에 앉아
밝은 세상을 보고 가기도 했다
확대된 동공은
거리의 미세한 바람을 만나고
스쳐가는 인파의 물결을 타곤 했다
멈추고 싶은 지상의 공회전이
더러는 건조한 삶을 머금다 일어서는
충혈된 자들의 안식처
멈추지 못하는 의자는 늘 새로움을 갈아탄다

햇살짓기

슬픈 관문은 또 하나의 세상을 가져다준다
그대 생을 지피던 햇살이
하얗게 부푼 고봉밥을 데워주면
허공으로 솟구치던 불꽃이 바람에 흔들린다
산사의 기운을 장엄하게 사르던
생전의 입김이 치열했을까
사십구일 기도 끝자락 그대 숨쉬게 하던
채색된 숲속에는
그리움의 향기 모두 멈추었다
내려놓을 것이 많을수록
푸르게 펄럭이던 부채살 치맛자락
그대는 아마도 바람의 습성을 닮았다

슬픔으로 봉합된 세상 중심에서
침묵하며 무너지지 않고
중천으로 흩어지던 지상의 말들이
그대의 숨결 속에 뜨거운 공기로 산화된다
사라진다는 건 환영으로 다시 일어서는
지상의 가장 섬세한 만남이 된다
온몸을 휘감고 도는 창백한 그리움

밤하늘에 솟은 고봉밥이
보름달로 환하게 가슴을 떠다닌다

루셀의 금고

진열대의 불빛이 우릴 고정시켜요
루셀의 비밀상자가 열리고
은밀히 가라앉은 지층의 황금 불빛이
우리의 눈빛을 자극시켜요

오색의 반짝이는 탄력은
덧없는 중년의 生을 환하게 밝혀주어요
세월의 여백을 메우기 위한
저 비밀스런 금고가
시간을 마구 열고 있어요

바람 앞의 촛불은
사라지는 내밀한 침묵들이어요
황혼의 속삭임으로 매혹시키는
채우지 못한 욕망의 무한한 망설임 앞에
부질없는 눈금이 달구어져요

가을의 무게만큼 깔리는
이따금씩 낙엽의 오작동으로
비밀의 문이 활짝 가슴을 열어요

충혈된
저 금고 속 은밀한 불빛
나약한 영혼을 섬세하게 빨아들여
우리를 눈부시게 끌어당기고 있어요

아버지의 불빛

잿빛 골목길 돌아서
흰 수염이 먼저 대문을 두드렸네
긴 어둠 환히 밝혀주며
눈웃음 짓던 산타할아버지
그대를 탁본한 듯 낯익은 윤곽이었네
굴뚝을 스쳐간 장화대신 맨발의 검은 구두
하얀 두루마기 넓은 품은
세상의 외로운 바람을 모두 감싸 안았네

아스라히 새벽별 멀어져가던
어둠을 지우며 사라질 때
중년의 내 머리맡은
그리움으로 가득 온기가 돌고 있었네
북풍이 공허하게 창밖을 덜컹거리는
추억의 무늬를 새긴 발자취
자식의 주름진 모습 잊을세라 조바심하며
내 생을 다져 준 추억의 머리맡을
그대는 하얗게 다녀갔을까

이따금 기억의 행로는
슬픔의 뿌리로 이어지는 허황한 길목이었네

거슬러 흘러간 푸른 한 시절
뿌리 깊은 꿈을 심어주신
젊은 우리 아. 버. 지. 우리 아. 버. 지

착시 현상

언젠가 내 어깨에
날개 돋힌 적이 있다
미술관에 장착된 수상한 카메라 셔터가 터지고
마법의 계보에 몸이 닿는 순간
은빛비늘을 번뜩이며 창공을 날기 시작했다
때로 서투른 욕망은 낙하하여
나는 포획당한 은빛새가 되었다
햇살 가려진 숲속에 갇혀 날렵한 몸짓으로
차츰 고생대의 원시림에 친숙해져 갔다
아로카리아 솔향기에 취하는 동안
내면의 날개는 다시 조금씩 진화되어
덧칠된 삶의 단청을 벗어났다

부풀어 오르는 바람의 기법을 따라서
나래를 펼치며 새로운 비행을 시작했다
더러는 공중을 부양하는 마술사가 되어
헤매는 자들의 상처를 치유했다
말하는 나무로 숲을 트릭하며
끝없이 질주하는 바람 사이로
꿈꾸는 세상을 탐닉했다

일상을 이룩했던 활주로
깃털이 그려진 페인팅아트에서 벗어난 순간
나는 마법의 중심을 미세하게 흔들어댔다

흑백사진

퇴색되어 가는 것은
또 다른 기억을 낳는다
카메라의 셔터를 누르면
바람에 잠시 주름진 초점이 휘청거린다

아스라한 시간이 경련을 일으키며
스쳐가는 영상의 떨림
손끝이 낡은 피사체에 머물 때마다
아직도 풍경 속의 얼굴들이 흔들린다

잃은 시간을 캡처한다는 것은
빛바랜 세상을 푸르게 재해석하는 일이다
내 눈빛에 머물고 있는 세월의 표정들이
포즈를 바꾸어가며
인형극의 몸짓으로
사계의 풍경을 흔들며 서있다

나를 흔들고 간 기억의 시간들
검고 흰 사랑이 퇴색되어
나뭇잎이 되고 때로는 바람에 희석이 된다

그림자로 사라진 피사체로 멈춰
나는 내 영혼에 초점을 맞춘다
이따금 망각의 의자에 앉아
추억의 속도를 되돌리는 미세한 손끝
오래된 시간이 하염없이 환해져 온다

아버지의 무늬

이따금 꽃들이 정원을 흔들었다
푸른 창살 틈으로
기억 속 무늬는 청아하고
햇살 사이로 빛바랜 흑백향기가 배어나왔다

칠월을 봉한 여름은 익고
간간히 나이테로 여물어가던
세월의 바람에 나는 꽃으로 피어났다
꽃에 날개를 달아 준 아버지의 흔적도 피어났다

어느 날인가 우렁찬 가장의 울림대신
세상의 탁음이 들리던 그날부터
모든 씨앗들 아린 속삭임이 시작되었다
유난한 꽃과 열매들로 아늑한 정원
무궁화사랑 한층 더 높이던
아버지의 중년은 꽃으로 저물어갔다

동남풍을 따라 평상에 앉으면
한 쌈의 손길에 사계 꽃을 일구던
아버지의 생이 유년의 사랑으로 피어났다
내 아이들의 정원처럼

영혼을 일으켜주던 알맞은 온도
고요한 체감은 나를 감싸주었다

엉겅퀴를 그리며

여자의 몸에서 빠져나간 온기가
유월 핏빛으로 물들었다
한 때 바람의 희롱이 역겨워
잠 못 이룰 때마다
서러운 가시꽃풀 한 개씩 돋아났다

오직 그대 향한 판타지
닿을 수 없는 여자의 슬픔을 읽는다
스쳐가는 바람의 말들
흔들리지 못하는 자줏빛 기억에
내밀한 바람도 침묵한다

바람막이 치장으로 몸피를 둘러 싼
세상에서 가장 강인한 너를 보았다
붉은 화살의 촉수를 이겨내며
생의 짓궂은 입김
무수한 눈빛에도 녹아들지 못했다
네 몸에 무수히 돋히는 번뇌에
스스로 제 몸 도사리며
슬픔을 수행하고 있다

너는 얼마나 많은 시간들을 견제하며
세월에 저항하는
피 묻은 이름으로 환생했을까
닿을 수 없어 더욱 애절한
집념의 한 생이
유월 그리움으로 피어났다

사군자

장농문이 열리고 닫힐 때마다
너의 가슴에는 네 명의 군자들이 피어난다
은둔 속 외출을 꿈꾸며
마법처럼 남모르게 꽃대를 키워내던
너의 뿌리는 조용히 햇수만 삭혀간다

기쁨과 슬픔을 삼키던 몸통 켠켠이
때로는 세월을 털어내고 싶었던
나이테로 박힌 시간들을 쏟아낸다
몸 속에 새겨진 집념의 꽃자리
아무도 모르게 흡입하며
너는 생의 발자취를 키워간다

나약한 몸속으로 사랑을 실어나르며
네가 토해내던 날들이 향기의 붙박이로 머문다
꿈을 펌프질하며 세월을 지켜내던
채워도 비어있는 알맞은 수위
고갈되지 않는 너의 푸른 숨결에 서린
조각된 촉수마다 강직한 심성이 새겨진다

오래되어도 되돌릴 수 없는
너의 올곧은 행로는
내 영혼을 이끌어가고 있다

너를 열람한다

때로 나는 초대받지 않는 손님이 된다
울림도 없이 역동하는 고교 사이트
민머리에 빛바랜 얼굴들이
동기회에 푸르게 몰려오면
낯익은 얼굴 내 시선이 고정된다
오래된 사진은 파고들수록 지층이 두터워진다
퇴적된 기억 속으로 깊이 윤곽을 더듬어 가면
너의 유적지에 분청사기 꽃무늬가
점차 또렷해오는 아득한 흔적
흔들리던 시간들을 탐방해본다
젊은 날의 꿈을 그리며
끝이 보이지 않는 간격마다
서로의 길을 조심스럽게 열어가던 날들
복원되지 않는 세월이
그리움으로 남는다
유적된 사연들로 꿈틀거리는 시간여행을 탐색하며
청춘의 눈금으로 빚은 기억들을 만난다
너의 하얀 이마에 세월의 빗금이 그어지고
중년으로 넘어서는 경계를
어스럼 달빛으로 너의 길을 서성인다

사랑의 두께만큼 희미한 조명 아래
나는 사라진 그림자로 남아
너를 열람한다

풀빛 찻집

도시의 꺾어진 곳에 바람이 산다
커피점 간판이 세월의 얼굴 내밀며
햇살에 휘어진 창가에 내려앉는다
아직도 둥글었던 테이블을 어렴풋이 기억한다

누군가의 둥근 등을 눈빛으로 긁으며
그리운 사람을 기다리는 그림자를 본다
적막이 음악에 버무려진
모나지 않은 정겨운 탁자
아름답게 피어오르는 퓨전 꽃들이
아늑하게 내려앉는 햇살을 본다

기억의 단편이 섬세하게 그려진
교차로의 한 모퉁이
나를 제자리로 끌고가는
생각의 필름들이
녹슬지 않게 시간을 재생시킨다
초점의 자리마다
발효되지 않은 풍경들이
꽃잎으로 파도처럼 바람에 출렁이고 있다

대상포진

어쩌지 못하는 너의 신경세포들
우측 등골을 지나
은밀히 겨드랑이를 타고
북두칠성 문양의 수포를 그린다
예기치 못한 너의 방문
살갗을 어루만지는 비늘처럼 문신을 뜬다
네가 쓰린 근육통을 몰고 나를 찾으면
나는 가끔씩 일탈을 꿈꾼다
삼박사일의 화려한 너의 외출이
후유증인 양 내게 증표를 남긴다

너는 안개 꽃 향기를 피우며
신경이 지나는 터널을 따라
예민한 내 살결을 침투한다
사전 경고음도 없이
살며시 안전망을 스며든 내 몸의 바이러스
침잠한 세포들이 휘젓다 간
너와 나의 지극한 교전이 흔적으로 남는다
저물어가는 가을 문턱에 서서
너는 뜨다 만 문신을 희미하게
내 등판을 거쳐 아스라히 사라진다

노근리의 꽃

하얀 스크린에 신의 비상벨이 울린다
암흑 속에 울려 퍼지는
번뜩이는 비명
빗발치는 소리가 붉은 총구에서 난사된다

신의 눈초리를 비껴간 마을사람들
풀잎처럼 가벼이 누워
핏빛새벽을 풀어 헤친다

여린 꽃잎들 흩어져서
칠월이 오면 다시 꽃으로 피어난다
제 빛깔 물들지 못하는
경계 밖을 벗어난 꽃들이
밤이면 허공에 빛을 쏘며
반딧불이처럼 은은히 사라진다

상흔이 가시지 않은 발자취들
먼 협곡을 지나
철로를 건너오는 모진 바람이
쌍굴다리 아래서 흩어진다

남쪽으로 기울어진 슬픈 연못
날개 접힌 동요가락이
눈부신 음표를 달고 여름하늘을 떠다닌다

노란 리본

아직도 기다림이 남아 있다
한림공원 상수리나무에
오랜 바람으로 얽힌 노란 리본 하나
호수의 물빛에 흔들리고 있다
한때 반짝이던 햇살 너머로
바람의 밀실처럼
누군가의 빛나던 약속이었을까
너는 오랜 무언의 숲으로 남아
빛바래도록 애태우던 기다림이
햇수만큼 듬직한 나뭇가지에 묶여
푸른 물빛에 간절한 사연 띄우고 있다
생을 다하도록 해후하고 싶은
절절히 풀어내지 못한
그리움으로 걸린 노란 매듭
간간히 바람이 나사가 되어
풀릴세라 몸을 조여준다
느슨해질 줄 모르는
낙엽의 빛바랜 연서처럼
여행자의 눈빛을 물들이고 있다

아름다운 죄

장미 한 다발 부검실로 들어왔네
손길 닿으면
너의 꿈 갈 길을 잃어버리네
어렴풋한 안개꽃 사이로
치부도 없는 너의 숱한 기억들
눈꽃송이처럼
숨결 속에 부서져 내리네
한 치 부끄럼 없는 너의 육신
나는 해체된 영혼에 꽃불을 불어 넣네
유리관 속에 핏기 가신 네 모습
푸른 수혈로 다시 피어나
부풀어 오르는 생명을 보네
매혹의 너는
눈으로 말하는 꽃잎
슬픔이 기억 상실된 향기로
말없이 생동하는 자태를 보네
욕망의 손짓으로
눈부신 생을 집도하는 내 손길에
물기 잃은 아프로디테
뜨거운 가슴을 열고 있었네

닮음, 그 설레는 기억

어떤 생의 발자취가 묻어왔던 길
낯익은 한 켤레 신발이
접었던 감성을 끌어 올렸다
닮은 모습에서 오버랩 되던
사소한 것에 대한 설레임이
검은 표피가 내 눈길을 흔들었다

어릴 적 내 손길 닿았던 기억이
되살아나던 아담한 신발
떨림으로 다가와 내 앞에 놓여있다
하루치가 다한 지친 발걸음 소리
내 깊숙한 폐부에서 안락했던
닮은 것을 위하여
여운은 살아온 이력을 우려내고 있었다

그대의 연대를 거슬러가던
지상의 질긴 내 발자취
때로는 가파른 길의 끈을 스스로 엮지 못했다
그리움을 이루는 구두 한 켤레
퇴색되지 않은 빛깔만이
시간 속에서 광택을 발산했다

3부

불빛을 듣는다

매듭을 지으며

처음부터 우리는 다른 빛깔로 만나서
서로를 물들며 엮어가기로 했다
가끔은
끝이 맞닿을 때마다
시간을 당겨가며 엇갈리기도 했다
둥글지 않는 속내 다듬으며
모서리를 돌아설 때면
날선 바람이
생의 모퉁이를 휘어 감았다
바늘구멍처럼 촘촘한 경계를 허물지 못하고
한 치의 양보 없이
너의 틈새를 죄고 있었다
부질없는 실낱 같은 삶의 통로
생을 우리는 어긋남이 없이
오색 길을 서로가 끌어가고 있었다
손끝이 서로 맞닿았을 때
너와 나 비로소
유려한 빛깔로 서로를 빛내며
손끝에서 여물었다 너는

나무들의 수신

숲길 사이로
나는 슬픔이 빠져나가는 새벽을 읽었다
쓸쓸한 베일을 일렁이며
온몸으로 감겨오는 공허한 기운
인기척 잃은 나무들의 숲길은
공소증후군으로 갈빛 몸살을 앓고 있었다
습지공원 사잇길 돌아서면
은행나무들이 일제히 두런거렸다
밤새 모든 잎을 떨구어 낸
첫차를 기다리는 나무들의 새벽은 고요했다

숲길의 벌어진 가슴에
낙엽을 구르는 바람이 도도하고
햇살을 기다리는 가로수들은 눅눅했다
빛바랜 가지들이 햇살에 발효되는 동안
바람의 저항을 견디며
무딘 기간 허공을 숨죽였다
봄을 디자인하는 텅 빈 거리
내게 다감한 교신을 보내는
나무들의 심장과 나의 거리는 좁혀지고
첫차에 올라 탄 내게 말없이 수신호를 보내왔다

여름의 그늘

태양을 맞선 아스팔트가 휘어지면
홀로 버티는 입술 사이로
팔월이 서늘하게 달구어진다
때로는 나 홀로 시위는
세상을 향한 증발되지 않는 분출이다
뜨거운 바람을 몰고 가는
편서풍에도 흔들리지 않는 여자의 집념
붉은 문장 속의 순환되지 않는 낱말들이
소리없는 살육으로 뜨겁게 토막내고 간다
무심코 버려지는 움츠린 생명들
갸날픈 눈빛들이 소리없이 주저앉는다
핏빛 담금질된 달아오른 철장 안
열기에 번들거리는 비명으로 내린
초조한 오후가 바람에 비틀거린다
제 몸 녹여 보시하는
녹슨 철장이 녹아들고 있다
아직도 곳곳에 혈류가 방전되지 않은 거리
축생의 숨죽인 숨결을 듣는다
달구어지는 한여름의 살생극
아직 막을 내리지 않는다

토르소

로뎅의 신비한 청동조각들 앞에서
나는 세상의 비린 손을 생각한다
밤사이 그녀에게 무슨 일이 있었을까
찌든 내음을 씻어 내리지 못하는
생을 마름질하며
세상의 비늘을 긁어내리던
저 강인한 어깨

어둠의 틀을 벗어난 민무늬 토기처럼
적갈색을 두른
뒷지느러미가 바람을 몰고 온다
머리가 사라진 여인의 몸통 앞에서
허공에 말을 걸고 있는 토르소
비린 내음 가시지 않는
가끔은 어두운 세상을 표백한다

조각마다 푸른 빛으로
태양의 빛깔을 갈아입는 손이
밤이면 제자리를 찾아온다
로뎅이 잠시 잠든 사이
제 몸통을 찾아오는 여인의 눈부신 얼굴

청동조각의 생각에 잠긴 몸짓이
유체이탈을 꿈꾸고 있다

말하는 수거함

네모난 몸통 앞에서
망설이던 그대 옷자락 날개를 펄럭이면
열려진 단추의 숨구멍 사이로
질척거리던 시간들이 빠져 나간다

살아 온 햇수마다
엮이지 못하는 촘촘한 천의
뒤엉키는 날줄과 씨줄
덩그라니 놓여있는 네 몸속에
마지막 허물을 구겨넣는다

묵은 체온을 수거해 가던
말하는 너의 따스한 숨결에 생을 채운다
발자취마다 그림자를 재어가며
너는 작은 몸속에 타인을 수거한다

심장이 서로 얽혀버린 닮은 빛깔들
서로를 연주하며
닮아버린 것에 익숙한 수거함
온갖 생을 달구어 낸 너의 입술에
붉은 자물쇠가 무겁게 잠긴다

유리의 성

마법의 주문이 끊임없이 열리는 요새
투명한 지하계단을 내려가면
징검다리가 있었네
거대한 프리즘마다 그림자의 분신들이 손짓하는
환한 밀실
우리는 미로 속으로 빠져 들었네
일천의 그림자들이
숨은 출구를 찾아 헤매는 동안
유리는 다중 속내를 가지고 있었네
메마른 영혼을 꿰뚫어보며
빛과 어둠 사이
언제나 중심의 각도에서
우리는 길을 잃어 버렸네
유리방의 모서리마다
빛 잃은 그림자들이 지느러미를 끌며
수족관의 물고기처럼 유영해오는
세상이 있었네
어두운 베일 속
유리의 각도마다 숨겨진
신비로운 속내를 품고 있었네

구족화가

너의 입김은 한 폭의 풍경이 된다
햇살이 백색의자에 내려앉을 때
생의 주름이 피어오른다
초침에 맞추어
바람을 그려 넣는 화폭
신의 입김을 수락한 너는 웃고 있다
촛점이 찍히는 피사체마다
너의 눈빛이 닿으면
칸딘스키의 빛깔이 세상을 물들인다
발칸의 향기로운 하얀 장미를
가슴에 꽂은 열정의 예술가
슬픈 소음에 리듬을 맞추며
생존 게임을 위한
시린 입김을 캔버스에 불어 넣는다
때때로 산소 부족된 시간 속에서
영혼은 삶을 점화하는 촛불이 된다
온갖 오점을 걸러낸
백색의자는 기나긴 소망으로 고정되었다
따스한 불빛이 겨울을 쓰다듬는
끝자락에 앉은 푸른 감성

입김이 그려 낸 일력이
지하 공간 가판대를 펄럭인다

역파도

팔월의 기차가 해변으로 햇살을 실어 날랐다
모래밭이 불을 지피고
발치가 타오르는 열기를 피워냈다
땡볕이 배어있는 정오
푸르게 넘실대는 넓은 휴게실은
여유있는 물살을 부풀리며
지친 발길들을 불러 모았다

파도가 찌든 등줄기를 씻겨 내리는 동안
소리없이 밀려드는 거친 물살
수평선으로 치닫는 속도의
솟구쳐 오르는 물결소리를 들었다

역행하는 파도의 몸짓 사이로
겁 없이 떠밀려가는 세상
저만치 생의 활주로를 벗어났다
일시에 경계령이 내려지고
역파도의 철조망을 풀었다

때로는 역행하는 것에는
변함없는 바다도 비상령이 내렸다

줄기차게 브레이크가 걸리는 우주
먼 땅끝에서 빗줄기도 거꾸로 섰다

빛을 쏘다

너는 번뜩이는 눈빛으로
달빛을 눈멀게 하는
밤의 도시를 난타한다
붉고 푸른 뜨거운 입술이 열리고
너는 메두사의 눈매로
현란한 불빛 속에 나를 빨아들인다

생을 밝히려는 등대가 되어
너의 오색 점멸되는 살빛 아래
초라한 흑백의 그림자들이 무너진다
그리움의 촉수를 밝혀주던 불빛들
서서히 뒤안길로 사라져가던
흘러내린 촛농
추억의 밤거리는 하얗게 흔적없이 녹아내린다

무지개빛 물들이는
형광램프의 춤추는 물결
어둠은 역동적 몸짓으로 달구어지고
기하학 무늬로 꿈틀거린다
너는 끝없는 지상의 시리우스*

지금 세계를 점멸한다

* 시리우스 : 50년 주기로 공전한다. 큰개자리에서 가장 빛나는 별.

불빛을 듣는다

빌딩 벽에 구멍이 뚫리고
오랫동안 막혀있던 벽의 옆구리
하늘빛 창틀이 세워졌다
빈틈없는 네모난 틈 사이로
일곱 빛깔의 햇살이
숨 쉴 공간을 비집으며 드나들었다

네온의 불빛을 삼킨 창문 사이로
취기 가득한 소음이 세어나왔다
푸른 빛 공간은
둥지를 튼 뻐꾸기의 집처럼
볼거리로 분주해졌다

자유롭지 못했던 오래된 건물
자꾸만 보수가 시작되면서
도시의 낮과 밤은 삐걱거렸다
바람이 창가를 드나들면서
틈과 틈 사이에
작은 불빛들이 하나 둘 트러블을 일으켰다

크고 작은 소리들이 모여
창문을 여는 순간부터
도시는 난청으로 우거졌다

흔들의자

인기척도 없는데 의자가 흔들린다
육신을 지탱해 준 빈 등나무의자
그대의 온기 고스란히 그리움을 흔든다
생의 스파크를 일으켜주던
기억들로 촘촘히 박힌
안락의자는 그리움을 흔들어준다

덩그러니 남겨진 액자 속 애틋한 얼굴
하얀 세상을 내려다본다
떠나간 이의 오브제가
남은 자의 가슴에 박제처럼
낯익은 시간으로 멈춰 서있다

거미줄이 의자를 휘감고 있는 애착
생기로 가득 채워 줄
그대의 품을 기다리는 흔들의자
영혼이 깃든 동작을 볼 때마다
외로움으로 버티고 서있다

사진 속 온화한 발자취를 보면
햇살 등진 의자에서

한줄기 바람으로 일어나
그림자 없는 환영 서성인다

야간통금

자정의 불빛이 금지된 거리를 흔들었다
소리없는 어둠이
새벽을 밝히는 골목을 지새우고
우리는 여명이 트여오는
긴 기다림을 품는 법을 배웠다

침묵 속에 묶인 채
사라져버린 통금시간
풀잎의 자유로 제한되던 시간이
깊은 밤의 러쉬아워를 재촉했다
늦은 아버지의 구두 굽 울림에
야경꾼 막대소리가 쓸쓸히 풀려갔다

느슨하게 닮아버린 낮과 밤
어둠을 여민 푸른 새벽에
나는 야경의 불빛으로 비틀거렸다
초조히 해체의 시간을 기다리던
그때를 그리워하며
금지된 것에는 향수가 있었다
도시는 경계없는 밤을 난무하며
가끔은 새벽이 빛나던 때가 있었다

무대는 쉼표가 없다

고정된 채널 주파수가 나를 맞춘다
칠공팔공 무대의 낯익은 칠십년 대
재생되는 시간들이
삶의 무게만큼
음색의 태엽을 풀어내고 있다

한 밤의 음악으로 설레던
중년의 음표들이 푸른 오선지를 걷는다
시대를 풍미한 노래가
아르누보 문양처럼
중년의 달빛 무늬를 수놓고 있다

기억의 뿌리들이
희노애락을 한 스텝씩 뻗어나가며
시간을 되돌려주는 나를 잠시 잊는다
더러는 바람의 부대끼는 기운에도
꺼지지 않는 꽃불처럼
곡선의 삶을 환히 점화시켜 준다
추억의 문장에 마침표를 생략하는
노을빛은 쉼없이 무대를 물들이고 있다

파도

너는 허무의 몸짓으로 일어서는 꽃잎
예민한 두 귀로
지상의 해일을 감지한다

시퍼런 물살에도 섞이지 않고
제 스스로 분노를 삼키며
순결로 일어서는 하얀 날갯짓이다

지상의 그림자 거두어가려는
광란의 마지막 순간까지를 출렁이며
찰나의 환희로 다가선다
너는 바다의 쉼없는 저항에 맞선다

허무로 부서지는 물빛
유혹의 물이랑에도 휩쓸리지 않는
강한 해일에 포효한다
너는 붉은 꽃잎처럼 솟구치는 열정이다

깊은 고독에도 살아남아
물살의 발톱을 잠재우는
파동을 경고해온다
너는 지상을 지키는 현란한 꽃잎이다

문신 바이러스

등골이 움직일 때마다 너는
살빛을 물들인 용의 몸체로 번뜩인다
상서로운 기운을 품는 승천
너는 뒤태가 하늘 향해 꿈틀거린다

더러는 기상변동에
오뉴월의 눈을 내리고
일기예보에 일고 있는 지상
때로는 용의 출현을 기다린다

끊임없이 화성인을 꿈꾸는 너는
고온과 저온 사이
태양계를 탈바꿈하는 문신 바이러스
판도라의 후예처럼 행성을 찾아 나선다

용의 오색문양이 넘실거리는
일탈 시도하는 너는
아름다운 몸짓으로 행성을 표류한다
한여름 밤을 서식하는
용의 그림자들이 도시를 달구고 있다

풍경이 머무는 곳

언제나 가려진 것은 신비롭다
빗발에 휘날리는 운무는
마주보는 칸타빌 고층 아파트를 휘감는다
스멀거리는 안개 사이로
숨은 별들이 빛의 촉수를 낮추고
희미한 불빛을 흔든다

아스라한 꿈의 마법 같은 성
사자한이 열망의 눈빛으로 지켜본다
꿈속의 타지마할이 환시처럼
달빛에 가려 눈이 멀어진다
어둔 세상의 심장을 물들이던
달빛 경보가 발효되는 동안
하늘이 내린 비밀스런 몸은 벗겨지지 않는다

운무에 가린 몸이 눈을 감는다
자정이 넘어도 하얀 나신을 나타내지 않고
풍경은 다만 깊고 오묘하다
가끔은 세상을 들여다보면
가려진 것은 언제나
새벽을 여는 태양을 눈멀게 한다

4부

사랑의 입자

화엄풍경

담쟁이넝쿨 감싸 안은 검푸른 바위
운무를 뚫고 초록하늘이 내려앉았다
햇빛 차단된 동굴의
석벽을 열자 제 몸 사르며
모서리마다 불상을 떠받치고 있는
연꽃봉오리는 속세 향해 꽃등을 켜고 있다

살포시 무릎꿇고 앉은 법당
소리 없이 기도문이 흘러나온다
닿을 수 없는 염화미소를 떠올리며
꽃불이 타들어 갈 때마다
나는 시린 등을 굽힌다
내안을 환히 채워오는
영혼의 풍경소리를 듣는다

봉황대 바위 끝까지
검푸른 절벽을 파고드는 불가의 넝쿨나무
운무가 스미고 간 풍경들이
붓다의 형상으로
가파른 산자락 둘러앉아
정토를 향한 순례자의 길을 비추고 있다

대리 운전

오래 전 그대의 자리에 앉아
생을 달릴 때가 있었다
그대가 달려가야 할 길을
홀로 노 저어 갈 때
생의 수위를 넘어서는 파도는
바다빛깔의 슬픔으로 출렁거렸다
취중 불빛들이 흔들리는 대교를 지나
과열되지 않는 젊음의 한 때를
그대의 대리 인생으로 쉼없이 달려갔다

운전자에게 시간이 맡겨진 자동차
취기의 몸을 담보로
번들거리는 바퀴가 달빛 속에 곡예를 했다
대리로 흘러가는 생
연금술사처럼 마름질하며
생의 바톤을 주고 받았다
한여름 밤
열기를 내뿜고 있는 아스팔트 위를
야경의 불빛들이
졸고 있는 세상을 훑었다

꿈을 쫓아가는 바람의 중심에서
만나게 되는 야간 대리운전
사피니아 꽃이 가슴에 무성하게 피어났다

어머니의 스트로우

어머니가 물을 머금으면
가슴 깊이 스며든 슬픔이 희석되었다
들숨과 날숨 사이에서
생의 사선으로 꺾여진
어머니의 마지막 호흡까지 빨아 올렸다

남은 생을 머물다 간 적막한 병동
목젖에 차오르는 서러움을
어머니는 간간히 끌어 올렸다
필사의 힘으로 받아들이는
가냘픈 숨소리
어머니는 너의 몸을 빌려 영혼을 적셨다
슬픈 울림의 저 흡인력
두 귀는 너의 손끝에서 진동소리를 들었다

어머니의 메마른 입술 사이로
너는 생을 꺾은 채 때때로 숨을 멈췄다
단숨에 너를 피워 올리지 못하는
어머니의 긴 한숨처럼 초조한
일상을 서서히 가라앉혔다

아늑한 기억 속의 갈증이
허기진 달빛으로 창백하게 떠다녔다

노크 효과

두드림은 일체의 생명력을 키워낸다
잦은 봄비가 지상을 두드리고
생기를 찾는 대지 위의 풀잎처럼
소리에 숨결을 불어넣는
노크의 위력이 메마른 것들을 회생시킨다

나도 아늑한 기억의 문을 두드릴 때
속도의 호흡이 시작되던
그러나 좀처럼 나의 몸짓은 멈추지 않는다
모든 뿌리와 씨앗들이 봄을 서식할 때
내 안의 갇혀진 기억들에게
뿌리 내려진 시간들 탐색을 멈추지 않는다

세월의 무게만큼 노후되었을 그대 몸짓
고요로 나열된 무늬의 옷들이
퇴색되지 못한 나를 갈아입고
또 나는 퇴화하지 못한다

생을 다할 때까지 영혼의 빛 두드리는
진화된 효과를 기다리며
내 안에 견고히 쌓인 울림에 귀 기울인다

그리움의 눈금을 향하여
그대 가슴에 푸르게 서걱이는
나는 사유의 시간만큼 푸른 적막을 노크한다

술이 익을 무렵

산딸기 술이 한참 뜸이 들자
아버지의 눈 가장자리가 빛났다
푸른 항아리에 봉한 여름이 익어가고
어머니가 잠 든 사이
아버지는 문종이 뜯긴 흔적을 지웠다

행여 바람에게 들킬세라
낯선 행각이 내 동심의 그리움이 되었다
휴일 나들이도 아랑곳없이
첫사랑처럼 달콤한 산딸기 술에 이끌려
아버지는 빛깔과 향기에 취했다

해마다 산딸기 술 삭힐 무렵이면
햇살 잘 드는 마루 한 켠에
아버지의 중년이 익어갔다
세상마저 마취시키던
향기에 상기된 눈빛
단 한번 아버지의 비밀스런 몸짓을 보았다

언제나 구월하늘이 높아지면
아버지의 빛깔처럼 푸른
산딸기 술이 알맞은 체온으로 익어갔다

쇼윈도

불빛을 밝히던 쇼윈도
빈 도시의 풍경이 걸려있다
유행의 자화상처럼
사계가 투명한 창가에서 머물다간다
푸른 비늘의 몸짓이 흔들리는
지상을 할인하는 매각처분 딱지
호황을 누리던 창
흠집을 내고 있다
곡선으로 패인 마네킹 속살
한 때 눈부신 변신을 수놓아주던
화려한 넋두리 같은 봄의 막바지 눈빛
거리의 중추신경을 잃은 잿빛간판이
그림자를 업고 서있다
시간으로 녹슨 핀들
흔들거리는 마네킹의 뒷모습을 고정시키며
쇼윈도를 연출해내던
사라져가는 것들은 언제나 빛을 잃는다
유행이 머물던 오프라인
진열장에 서있던 불 꺼진 창가에
매각되지 않은 도시의 불황들이 부딪친다
잠시 반짝이던 것들은 불빛 틈새에서 사라진다

행복동물병원

너의 등뼈에 스캐너를 쏜다
지상의 현주소가 푸르게 새겨진 등록번호
새 가족으로 등재된 등뼈에
입력된 주소록이 내 등을 하얗게 굽고 있다

솜털 보송한 살가죽
투사되는 비정한 주사바늘은
늘 표정이 없다
어린잎처럼 새파란
세상의 입김으로 혀를 굴리던
작은 몸의 슬픈 근육질을 나는 본다

꼬리표의 족적도 없이
미세한 칩에 생을 버티고 선
전생의 너와 나
스쳐갔던 바람이었다

마이크로 칩에 장착된 너의 이력
번지도 없이 잃어버린 족보가
바람에 뒤척이던 몸짓 떨고 있다

아기 로봇처럼 고정된 눈망울
사방을 주시하며 앉아있는 바코드의 숨결이
나의 기록에 얹혀 판독되고 있다

꿈을 걸다

햇살이 잠시 머물다 가는 벽보판
여러 빛깔의 얼굴들이
그늘진 포스터에 금빛비늘처럼 번뜩인다
야심찬 도시를 품어 보겠다는
나열된 경력이 눈부신 빛을 발하며
오가는 바람의 입김에도 퇴색되지 않는다

한때 등대처럼 세상을 비추던 벽보판
덧붙인 화려한 이력들이
무거운 흔적으로 남았다가 지워진다
찢어진 벽보가 우울한 표정으로 일렁이며
눈길을 찍고 가는 희미한 자국들
게시판에는 황사만이 여러번 휩쓸고 지나간다

또다시 새로운 얼굴들이
푸른 하늘에 도배되는 풍경
투명한 약속의 족적은
어디서든 밀고 당기는 물결로 떠밀린다
주파수를 타는 입김들의 오가는 시선에
푸른 빛깔은 더욱 선명해진다

페달 밟기

젖은 풀잎에 누운 망가진 자전거 한 대
공중 놀이터 희미한 불빛 아래
노숙자인 양 웅크려 가쁜 숨을 쉰다

질곡한 생의 커버 얼마만큼 돌아왔을까
핸들 꺾인 생을 조이며 질주했을
바람이 페달을 공회전하고 있다

어둠의 빈터에 주저앉은
달빛이 어루만지는 얇은 바퀴살
아직 녹슬지 않은 바람이
굴절된 밤하늘을 회전하고 있다

아무도 밝은 신호음을 보내지 않는
스스로 일어서지 못하는 꺾여진 생이
풀잎의 그림자에 휘어진다

시간을 향해 끊임없이 질주하는
때로는 어둠에 은폐된
사차선 도로 갓길
휘청거리는 바람의 뒷모습이 웅크리고 있다

사랑의 입자

텅 빈 사서함에 들어 온 음성메일
육각수의 입자처럼
투명한 소리로 스며들어
행간마다 꽃잎으로 배어든다
봄의 수평을 잃지 않으려
망설이던 봄꽃 알레르기
무딘 호흡으로 전파를 타고
귓가에 흘러 내린다

오랜 기다림의 낮은 목소리
문득 나른해진
봄을 허공에 비워내고 있을까
꽃들은 빛깔로 피고 지지만
채색되지 못하는 그대의 나
꽃무릇 되어 비껴가는 시간들이
긴 날들을 등지고 있다

그리움으로 휘날리는
꽃의 입자들
속살 짓무르며 흩어지는 몸짓들이
만춘을 무심히 스쳐간다

속삭임으로 흐르던 소리의 파동
흔들리지 않는 주파수마다
박동하는 심장의 채널을 고정시킨다

멸치

푸른 햇살에 온몸 잔뜩 절은
너의 목덜미를 다듬는다
비릿한 내음이 잠시
마른 손끝을 스치면
죽어서도 제 몸의 내장을
송두리째 비워낸다
달구어진 후라이팬 속에서
제 몸을 두 번 보시하는
너의 뜨거운 생이 타오른다

어쩌면 질기디 질긴 제 생명 탓하던
요양병원 중환자실의
슬픈 넋두리처럼
내 얇은 귀에 너의 진혼이 들려온다
작은 미물이 서럽게
욕망과 아쉬움을 비워내고서야
거대한 화장터에서 달구어지던 생의 한 때

핏기가신 채 다듬어지지 않은
너의 남은 생이
내 손에 뜨겁게 재생된다

공기 침대

— H 시인에게

어둠이 모여드는 곳은 불빛이 꺾인다
야간 신경외과 병동
투명한 형광불빛의 시트 위에
수많은 실핏줄이 기어가는
공기 침대의 초조한 시간이 흐른다

생과 사를 팽팽히 조여오는
역발상의 갈림길에서 피톨을 조율하며
심장의 파동에 푸른 생기를 싣는다
한 방울씩 긴박하게 떨어지는
슬픈 이력 같은 링거병
이른 봄은 피를 푸르게 투석한다
시행착오를 거쳐오는 일각을
순환시키던 공기 침대
새벽바람을 물고 시트 위에 부풀어 오른다

어둠을 하얗게 뜸 들인 병실
절망으로 새날을 밝히는
애틋하게 주름진 생이
햇살로 환하게 펴진다

골목의 나무

꺾여 나간 길 어귀에
꺾이지 않은 나무가 서있다
재개발 소문에 아랑곳 않는
사내는 봄기운에 온몸을 떤다
오백년 넘어선 신장
몸통에서 뿜어 나오는 세찬 입김
낡은 골목을 밝힌다
오랜 바람 태양열로 적시며
탄트라의 입심처럼 걸림 없는
몇 백년 생을 구워 낸 갈색 피부
고독으로 삭힌 거목에 열기가 돋는다
끊임없는 향기 피워내는 피안의 수행법
고요한 숨결을 듣는다
가슴을 파고드는 말없는 목소리
사내는 빈곤한 햇살이 되고
비바람 시린 방패막이 된다
가끔은 생의 고해를 하늘로 토해내는
오백 햇수를 스치며 외로움 홀로 삼킨다
지하의 깊은 물줄기 펌프질하며
느티나무 모진 줄기마다 생명을 끌어 올린다

메말라가는 목덜미를 적시는
오백년 골목의 터주대감인 양
아직도 철거되지 않은 재개발 지대에 서서
끝없는 고승으로 수행하고 있다

* 부산시 해운대구 석대동 수령 5백여 년의 느티나무. 이 마을 당산목이다.

하얀 골목길

기다림이 배인 오래된 골목
어스럼 저녁이 오면
휘어지는 달빛 서린 우물가
짙어지는 어둠 속에서 아버지를 기다린다
중저음의 발자국 소리
숨가쁘게 가슴을 흔드는
독백의 그림자가 내게로 다가선다
취기에 섞인 체온이
골목 입구로부터 추억을 뻗어온다
뒤돌아보면 그리움 탁본되는 아버지의 음영
긴 세월에도 빛바래지 않는다
새털처럼 가벼워진 기억의 무게를
날이 저물면
촉수 밝은 식탁에 내려놓는다
누군가 기다리며
조금씩 비워내는 단란한 그릇들
기다림 하얗게 채워지는
어두운 골목
포개어가는 노래가 있다

■ 작품해설

절실한 그리움을 이카루스 날개에 싣고

— 전성희 시인의 3번째 시집 평설 —

문학평론가 리 헌 석
(사) 문학사랑협의회 이사장

1. 감동을 생성하는 시인

전성희 시인과는 인터넷 문학활동을 통해 만난 사이다. 인터넷에 올라오는 수많은 작품을 대하던 중, 밤하늘의 별처럼 아름다운 시를 대하고 반가웠다. 그가 바로 전성희 시인이다. 그의 작품을 읽으면, 머리에서 생성된 문학적 감동이 점차 가슴으로 전달된다. 이 감동은 다시 새로운 감동을 생성하며 온몸으로 번진다.

한동안 그의 작품을 읽으면서 행복한 독서를 즐겼다. 그러던 중 문학사랑 인터넷문학상 심사위원회에서 그의 작품을 수상작으로 선정하였고, 그는 제47회 수상자가 되었다. 시상식에서 만나 새로운 인연을 맺었다. 그의 세

번째 시집 해설을 부탁받았다. 이미 발간한 두 권의 시집을 통독하다가, 두 번째 시집에 수록된 「팔베개」에서 눈물겨울 정도로 감동의 회오리를 만난다.

나는 닿을 수 없는 허공에 팔을 뻗는다.
손끝을 내밀면
아스라한 온기가 어둠 속에서 번져온다.

내 나이보다 푸른 아버지의 목 줄기에
애절한 그리움으로
나는 팔베개를 드리운다.

평상에 누워 별들 헤아리며
별빛의 흐름 따라
가벼이 시린 젊음을
내 팔목에 걸어놓은 아버지.

끝없이 우러러보며
연둣빛 팔목은 하늘로 뻗는다.

사라져가는 기억들이
우듬지에 하나 둘 별로 걸려
꿈속에서 아버지의 팔베개가 된다.

흐르는 별 줄기 따라
나는 한쪽 팔에
그리움을 걸고 누워 있다.

—「팔베개」 전문

시인은 허공에 팔을 뻗어 아버지를 찾는다. 별세한 아버지가 찾아올 리 없지만, 아버지를 그리워하는 것만으로도 그의 가슴에는 '아스라한 온기'가 번져 온다. 꿈에서나 만날 수 있는 아버지, 별세할 때 아버지의 나이는 자신의 현재 나이보다 한참 젊었다. 시인은 〈내 나이보다 푸른〉 아버지의 삶을 통하여 현실 속 자신과 비유적으로 대조한다.

그는 '별' '날개' 등을 통하여 아버지가 있는 하늘과 소통하고자 한다. 이러한 정서가 그의 작품에 자주 나타난다. 평상에 누워 '별'을 헤아리며, '별빛'의 흐름을 따라 발걸음을 옮기시던 아버지, 〈마흔의 시린 젊음〉이 시인에게는 잊을 수 없는 통증으로 남아 있다. 그리하여 하늘로 떠나신 아버지를 〈우러러보며〉 자신의 〈연둣빛 팔목〉을 하늘로 뻗어 아버지를 위한 팔베개를 만들고자 한다. 그러나 세월이 흐르면서 아버지에 대한 그리움도 조금씩 옅어지게 마련이다. 이제는 하늘로 솟은 나무의 우듬지에 하나 둘 '별'로 걸릴 만큼 추억의 소재가 성글다. 그 별을 만나기 위해 한쪽 팔로 팔베개를 마련하고 아버지를 기다린다.

이런 스토리가 작품의 표면적인 의미일 터이다. 이를 바탕으로 그의 내면에 흐르는 사친(思親)의 정서, 하늘을 향한 간절한 소망, 표현의 세련미, 불교적 심상을 확인하고자 한다.

2. 그리움이 시를 쓰게 한다

전성희 시인을 탄생시킨 그리움은 '아버지'에 연유한다. 감수성이 예민하던 여고 재학 시절에 갑자기 아버지를 여읜다. 일본 유학에서 돌아와 나라의 동량(棟樑)들을 잘 길러야겠다는 사명감으로 교육계에 기꺼이 투신한 아버지, 그 아버지가 예기치 않은 사건으로 급서(急逝)하여, 그는 세상이 무너지는 절망을 겪는다.

중학교 3학년이었을 때라고 한다. 그는 아버지가 근무하던 학교의 교지 『동아탑』을 만난다. 그 책에 수록된 아버지의 작품 「관세음보살」을 읽게 되고, 막연하게나마 문학 세계를 동경하고 있던 중에 갑작스럽게 아버지와 사별(死別)한다. 절망 속에서도 아버지와 친분관계를 유지하던 문학평론가 김준오 선생을 고등학교 2학년 담임으로 만나면서 소녀의 가슴에는 새로운 문학 창작의 뿌리가 내린다. 부친의 별세로 겪었을 내면적 절망, 그리고 현실적 질고(疾苦)가 어떠하였을까는 말하지 않아도 명약관화(明若觀火)하다. 그처럼 어려운 세월을 극복하고, 너그러운 마음으로 살아낼 수 있었던 것도 아버지가 남기고 간 사랑과 불교신앙에 바탕하였을 것이다. 그리하여 그의 가슴에는 거의 반세기가 지나도록 만날 수 없는 아버지에 대한 그리움이 작품으로 빚어져 감동을 생성한다.

이따금 꽃들이 정원을 흔들었다.

푸른 창살 틈으로
기억 속 무늬는 청아하고
햇살 사이로 빛바랜 흑백향기가 배어나왔다.

칠월을 봉한 여름은 익고
간간히 나이테로 여물어가던
세월의 바람에 나는 꽃으로 피어났다.
꽃에 날개를 달아 준 아버지의 흔적도 피어났다.

어느 날인가 우렁찬 가장의 울림대신
세상의 탁음이 들리던 그날부터
모든 씨앗들 아린 속삭임이 시작되었다.
유난한 꽃과 열매들로 아늑한 정원
무궁화사랑 한층 더 높이던
아버지의 중년은 꽃으로 저물어갔다.

동남풍을 따라 평상에 앉으면
한 쌈의 손길에 사계 꽃을 일구던
아버지의 생이 유년의 사랑으로 피어났다.
내 아이들의 정원처럼
영혼을 일으켜주던 알맞은 온도
고요한 체감은 나를 감싸주었다.

—「아버지의 무늬」 전문

아버지에 대한 추억은 청아(淸雅)하였으나, 흑백(黑白)의 향기로 만난다. 그가 〈간간히 나이테로 여물어가던/ 세월의 바람〉을 딛고 꽃으로 피어난 것이나, 그의 형제자매들이 겪었던 〈씨앗들 아린 속삭임〉 등을 통하여,

꽃을 존재하게 한 주체가 아버지였다는 고백은 눈물겹다. '꽃으로 피어난 것'의 원관념이 명확하지는 않지만, 그가 아버지의 뒤를 따라 '시인'이 되었다는 고백으로 보아도 무리가 없다. 물론 은유적 다의성에 의하여 더 다양한 해석이 가능하지만, 그의 시집을 관류(貫流)하는 이미지는 '시인' 등단으로 귀납한다.

일본에서 유학을 마치고 귀국한 그의 아버지에게 청소년들은 나라꽃 〈무궁화〉에 다름 아니었다. 〈유난한 꽃과 열매들로 아늑한 정원〉을 가꾸던 아버지는 선구자적인 뜻을 다 이루지 못한 채 〈중년의 꽃〉으로 저문다. 그렇지만 아버지는 시인의 가슴에 살아남아서 〈사계 꽃〉을 일구기도 하고, 〈아버지의 생이 유년의 사랑〉으로 피어나기도 한다. 아버지는 꽃이 잘 자랄 수 있게 〈영혼을 일으켜주던 알맞은 온도〉를 시인에게 주고 떠난 분이기도 하다.

이와 같은 정서가 「아버지의 불빛」에서도 확인된다. 〈이따금 기억의 행로는/ 슬픔의 뿌리로 이어지는 허황한 길목이었네. 거슬러 흘러간 푸른 한 시절/ 뿌리 깊은 꿈을 심어주신/ 젊은 우리 아버지〉에 대한 그리움이 절실하다. 이는 어머니로 전이되기도 한다.

> 어머니가 물을 머금으면
> 가슴 깊이 스며든 슬픔이 희석되었다.
> 들숨과 날숨 사이에서
> 생의 사선으로 꺾여진

어머니의 마지막 호흡까지 빨아 올렸다.

남은 생을 머물다 간 적막한 병동
목젖에 차오르는 서러움을
어머니는 간간히 끌어 올렸다.
필사의 힘으로 받아들이는
가냘픈 숨소리
어머니는 너의 몸을 빌려 영혼을 적셨다.
슬픈 울림의 저 흡인력
두 귀는 너의 손끝에서 진동소리를 들었다.

어머니의 메마른 입술 사이로
너는 생을 꺾은 채 때때로 숨을 멈췄다.
단숨에 너를 피워 올리지 못하는
어머니의 긴 한숨처럼 초조한
일상을 서서히 가라앉혔다.
아늑한 기억 속의 갈증이
허기진 달빛으로 창백하게 떠다녔다.

—「어머니의 스트로우」 전문

시를 읽고 시인의 내면을 탐색하는 것은 독자의 몫이다. 이 작품은 어머니의 노년을 배경으로 한 것 같다. 특히 작고(作故)하기 직전의 상황으로 보인다. 어머니는 식사를 못할 뿐더러, 스트로우를 통하여 물을 마시거나 호흡을 지탱할 정도로 절박하다. 〈어머니가 물을 머금으면 / 가슴 깊이 스며든 슬픔〉에서 힘들게 살아온 세월이 녹아 있다. 또한 〈남은 생을 머물다 간 적막한 병동〉을 통하여, 그 병원이 바로 어머니가 임종한 곳임을 암시한다.

이 작품은 어머니의 임종을 지켜보던 시인이 자신의 정서를 '스트로우'에 의탁하여 빚은 절창(絶唱)이다. 또한 〈어머니의 긴 한숨처럼 초조한/ 일상〉을 서서히 가라앉히며, 어머니의 운명(殞命)을 비유적으로 형상화한다. 이는 「당신의 귀가 닫힌다」에서도 탐색되는 바, 어머니의 운명과 닿아 있는 것 같다. 〈당신의 안온한 표정〉〈관대한 눈빛으로 생을 거래하고〉〈청각은 아주 조용히 방향을 잃는다.〉〈벌써 당신의 시선은/ 저만치 푸른 창을 넘는다.〉 등에서 유추할 수 있다. 이제 어머니는 세상의 소리를 듣지도 못하고 운명할 상황이다. 이를 비유와 상징으로 승화한 것이다.

그러나 아버지와 어머니에 대한 그리움의 농도(濃度)는 완연하게 다르다. 시인에게 삶의 지표를 남기고 서둘러 떠난 아버지에 대한 그리움은 진하고 절실하다. 그러나 노년에 이르도록 애증을 나누었던 어머니에 대한 그리움은 조금 옅어 보인다. 색깔과 농담(濃淡)이 약간씩 다른 그리움이어서, 그의 시는 단조로움에서 벗어나게 된다.

3. 비상의지가 꿈을 꾸게 한다

소년소설이나 청소년소설에서 주된 설정은 주인공에게 닥친 운명적 부재(不在)다. 누구는 아버지가, 누구는 어머니가, 누구는 양친이 부재하거나 멀리 떨어져 있도록 설정된다. 주인공에게 닥친 운명은 그를 단련시켜 혹독한 시련을 극복하게 한다. 혹은 상상할 수조차 없는 인물이 나서서 주인공을 구원하기도 한다. 청소년기에 부친을 여읜 전성희 시인의 삶도 이러한 범주에 들어가지만, 그는 현실에서의 난관을 스스로 극복하고 감내한다.

동화작가나 청소년소설 작가들은 슬픔이나 어려움을 극복하는 기제로 대부분 '꿈'을 도입한다. 꿈 중에서도 날개를 달고 세상을 날아다니거나 초능력자를 만나 행복하기를 소망한다. 그러나 꿈은 대부분 꿈으로 끝나게 된다. 그리하여 스스로 조금씩 이루어 나가 보람을 찾는 것이 소중함을 깨닫는다. 전성희 시인은 이름에서부터 별(星)이 등장하여 그러하였을까, 하늘을 향한 그리움을 자주 노래하고, 이카루스의 날개로 하늘을 날고자 한다.

프리다 칼로의 생을 풀꽃으로 피우는
벼랑 위의 남자는
부러진 척추 마디를 맞추며
필생의 날갯짓을 한다.
지상의 가장 후미진 곳을 찬란하게 하는
초현실 게임은 아름다운 희생이다.

—「마임이스트」 일부

전성희 시인과 프리다 칼로는 삶의 궤적에서 공통점을 지녔다. 청소년 시절에 전성희는 아버지를 여의어 절망에 빠지고, 초현실주의 화가 프리다 칼로는 전차 사고를 당하여 절망한다. 전성희는 아버지로부터 영감을 받아 시인이 되고, 프리다 칼로 역시 몽상적인 사진작가 아버지의 영향을 받아 화가가 된다. 두 사람 모두 아버지를 흠모하고 헌신적이었으며, 두 아버지 역시 딸을 사랑하였다고 전한다.

전차에 깔려 부러진 프리다 칼로의 척추 마디를 맞추며, 〈벼랑 위의 남자〉가 필생의 날갯짓을 지속하는 것은 전성희 시인에게로 전이된다. 두 사람의 공통분모는 가장 높이 나는 새가 되려는 비상의지라 하겠다. 그러나 '남자'는 사실상 〈주어진 생의 길을/ 잠시 머물다 가는/ 구름 같은 삶〉을 지닌 모습으로 환치(換置)된다. 프리다 칼로가 아버지를 기려 그린 '아버지의 초상'에 대한 헌사는 〈60년 동안 간질로 고생하면서도 결코 일을 멈추지 않았고, 히틀러에 맞서 싸웠다. 깊은 애정을 담아. 딸 프리다 칼로〉로 되어 있다. 이는 전성희 시인이 아버지를 문학 창작의 별로 인식하는 것과 별반 다르지 않다.

내 어깨에는 날개가 돋아 퍼덕이고
홀로 자유로워지기 위해서
더욱 완고한 생각이 필요한 것을 알았다.
사랑은 결코 트릭과 함수 관계라는 것을
위험한 미술관에서 깨달았다.
깃털처럼 가벼운 그대 연민을 보았다.
—「트릭아트에서의 해후」 부분

이 작품은 〈수십 해를 사랑은 나를 어둠에 가두었다.〉로 시작한다. 시인은 모나리자에게서 미소가 사라지자 붓으로 미소를 그려 넣을 만큼 현실적이고 논리적이며, 체계적이고 구조적 사고를 지니고 있다. 또한 그와 같은 사고(思考)의 성채(城砦)에서 벗어나지 못하여 스스로 '어둠'에 갇혀 산다. 그러나 미술관에서 '트릭아트'를 만난 후, 그에게는 사고(思考)의 일대 전환(轉換)이 일어난다. 그의 〈어깨에는 날개가 돋아 퍼덕이고/ 홀로 자유로워지기 위해서〉 완고한 생각을 극복할 수 있는 자유를 꿈꾼다. 완고한 사고를 극복하기 위해 〈더욱 완고한 생각〉이 필요하다는 역설에 이른다.

트릭아트 작품을 보면 일상적 사고가 부서지고, 새로운 인식 체계가 생성된다. 과학적인 화법과 특수도료를 활용하여, 평면임에도 불구하고 살아 있는 입체로 느껴지도록 장치한다. 보는 각도에 따라 그림이 변형되어 보이도록 돌출 각도법을 도입하기도 하고, 액자 밖으로 튀어나온 부분을 만들기도 하며, 그 부분의 그림자까지 사실적으로 그려서, 초현실적 리얼리즘을 극대화하기도 한다. 이러한 기법은 평면의 일상성을 극복하는 미술의 새로운 분야이다. 이런 미술을 접한 시인은 오랜 '어둠'에서 벗어나 자신의 진솔한 자화상을 확인하게 된다.

이는 작품 「착시 현상」에서도 드러난다. 〈언젠가 내 어깨에/ 날개 돋힌 적이 있다.〉고 하던 그는 미술관에서 〈마법의 계보에 몸이 닿는 순간/ 은빛비늘을 번쩍이며 창공을 날기 시작했다.〉고 진술하는데, 이는 트릭아트의 영향으로 보인다.

상흔이 가시지 않은 발자취들
먼 협곡을 지나
철로를 건너오는 모진 바람이
쌍굴다리 아래서 흩어진다.
남쪽으로 기울어진 슬픈 연못
날개 접힌 동요가락이
눈부신 음표를 달고 여름하늘을 떠다닌다.

—「노근리의 꽃」 일부

노근리는 민족의 비극 '김일성 남침전쟁'인 6.25의 와중에, 오인(誤認)으로 인해 많은 민간인이 학살된 현장이다. 북한군으로부터 기습적 침략을 당하여 남쪽으로 피난을 가던 사람들이 있었는데, 이들을 북한군이 변장한 행렬로 오인한, 비행기 난사(亂射)로 많은 사람이 죽는다. 그 상황을 〈번뜩이는 비명/ 빗발치는 소리가 붉은 총구〉로 형상화하는데, 총탄에 의해 무고한 백성들이 〈핏빛 새벽〉을 맞는다. 그때 희생된 〈꽃잎들〉이 칠월이 오면 다시 꽃으로 피어나 그 날을 증언한다.

굴다리 여기저기에 남아 있는 총탄 자국은 그날의 아픔을 입증한다. 그래서 시인은 〈날개 접힌 동요가락〉에 새롭게 〈눈부신 음표〉를 단다. 그 동요가락이 여름하늘을 떠다닌다. 이처럼 슬프고 안타까운 상황을 극복하기 위하여 시인은 비상의지를 원용한다. 신이 그에게 달아 준 날개일까, 그는 이카루스의 비상의지에 편승하여 문학 작품을 빚는다.

4. 일상에 비유의 옷을 입힌다

좋은 문학작품은 대체로, 주제가 선명하고 가치 있는 것, 문장이 적정하고 미려한 것, 표현의 멋을 갖춘 것, 그리하여 독자들에게 감동을 생성하는 것 등이 중요한 요소다. 그렇지만, 좋은 작품이라고 하는 시 창작의 발단은 대부분 사소함에서 비롯되는 경우가 많다. 워드워즈가 무지개를 바라보면서 아름다운 세상과 꿈을 노래하였고, 릴케는 라일락꽃을 통하여 사랑의 아름다움을 노래하였다. 서사시는 예외적이지만, 대부분의 서정시들은 작은 사물에서 사랑의 미묘한 울림을 찾아낸다. 이를 바탕으로, 시인의 내면과 상상력은 예술적 감동을 빚어낸다.

전성희 시인의 작품을 읽으면서 여러 측면에서 감동하게 된다. 주제도 선명하고 표현 역시 유려하다. 일부 작품의 제재(題材)는 평범한 일상성을 띠지만, 그의 문학적 프리즘을 거치면 아름다운 이미지로 거듭난다. 일상의 빛이 프리즘을 통과하면 굴절된 각도에 따라 새롭고 개성적인 빛깔로 변환하는 것과 같다. 시인 역시 독자적 프리즘으로 작품을 빚는다. 특히 자신의 은유와 상징으로 새로운 감동을 생성한다.

무채색 재킷을 입을 때는
언제나 잘못 끼운 단추가 어긋났다.
팽팽하게 조여 오는
신체의 휘어진 선으로 흘러내리던
첫 번째 방향이 틀어진 걸 알았다.
엉킨 하루를 지나는 옷깃
규격이 처음부터 어긋난다는 것을 알지 못했다.
좁은 공간을 조율하지 못하고
자꾸만 채우려는 것에 집중하던
내게도 어울리지 않는 색깔이 있었다.

—「단추를 끼우며」 일부

옷을 입는 것이라든가, 옷을 입으며 단추를 끼우는 일이라든가, 단추를 잘 못 끼우는 것 등은 그야말로 일상의 사소한 일들이다. 그러나 시인은 이러한 행위 자체에 대한 사실적 진술을 통하여 독자들이 유추할 수 있는 여지(餘地)를 마련한다. 서두에서 〈무채색 재킷을 입을 때는/언제나 잘못 끼운 단추가 어긋났다.〉고 하는 진술은 여러 경우를 상정한다. 시인에게 '무채색'의 의미는 그 자체였을까, 아니면 힘들게 살아야했던 긴 세월이었을까, 또는 삶의 의미를 잃어버릴 정도로 서러운 것이었을까, 독자들은 상상의 날개를 펴고 시인을 탐색한다. 〈언제나 잘못 끼운 단추〉라는 정서적 풀이는 '무채색'과 인과(因果) 관계가 성립한다. 특히 그에게 있어 삶의 〈방향이 틀어진 걸〉 깨닫게 하는 중심 기제로 작용한다.

현실에서 잘못 끼운 단추라면, 풀어낸 다음, 첫 단추부터 다시 정확하게 끼우면 될 일이다. 그러나 시인은 이러한 행위에 오불관언(吾不關焉)이다. 단추를 잘못 끼운 채 〈엉킨 하루〉를 지난다. 이것은 잘못 끼운 단추가 현실의 옷 입기가 아님을 암시한다. 그의 내면이거나, 혹은 그가 살아내는 삶의 양상으로 보인다. 그리하여 그는 〈자꾸만 채우려는 것에 집중〉하게 되지만, 이러한 생활은 그가 지향하는 것이 아니다. 때로 현실은 그에게 잘못 끼워진 단추를 달고 그 상태로 살아가라고 강요한다. 그리하여 〈하염없는 세월로 채워가며/ 단추의 규격에 나를 맞추기도 했다.〉고 실토한다. 자신이 잘못 주어진 운명에 순응하며 살고 있다는 것에 다름 아니다.

내가 꿈꾸는 사이
가끔 꿈속의 내게 다가와
그대의 최면술은 애틋한 암호를 해독하며
녹슬지 않은 시간을 끌어내고 있었네.
그대의 확장된 내시경
내 숨결에 그윽한 초점을 맞추고 있었네.
—「최면 내시경」 일부

이 작품은 위(胃)나 장(腸)의 상태를 확인하기 위한 '수면 내시경' 행위가 바탕이다. 이 행위는 시인의 사랑과 오버랩이 된다. 잠든 사이에 몸의 부위를 탐색하는 수면 내시경처럼, 시인은 '최면' 상태에 있고, '그대'는 시인을 스캔한다. 〈그대는 이따금 내 심장에 최면〉을 걸어 〈내

안의 슬픈 비밀〉을 찾아낸다. 아무에게도 말할 수 없었던 〈말없음표 부호들〉을 찾아내어 〈생시의 시간〉을 풀어낸다.

이쯤에서 '그대'의 실체가 궁금해진다. 수면 내시경이라면 당연히 시술하는 의사일 터이지만, 시인이 그려내는 세계는 그렇게 단순하지가 않다. '그대'는 〈눈부신 투시력으로/ 내 안에 잠든 나를 일으켜〉 준다. 〈꿈의 프리즘을 통해/ 영혼의 파장을 탐색〉하기도 한다. 〈세월을 옭아매던 기억들/ 거미줄처럼 얽혀버린 이야기들〉을 풀어낸다. 그리하여 그대의 최면술은 〈애틋한 암호를 해독〉하기도 하고, 〈녹슬지 않은 시간〉을 시인으로부터 끌어내기도 한다. 그대의 시선은 시인의 〈숨결에 그윽한 초점〉을 맞춘다.

이런 바탕에서 유추하면, 시인을 이해하는 사람, 시인에게 위안이 되는 신앙적 존재, 그를 거듭나게 하는 문학 창작 행위 등으로 요약할 수 있다. 이렇게 다의적 해석이 가능한 것은 바로 비유와 상징의 힘이다.

5. 불교적 달관이 오롯하다

전성희 시인의 작품에는 긍정의 시심이 주류(主流)를 이룬다. 보통 사람으로서는 참을 수 없을 정도의 시련을 겪었음에도 그는 달관하여 수용한다. 시인은 '대상포진'을 앓았던 듯하다. 〈예기치 못한 너의 방문/ 살갗을 어루만지는 비늘처럼 문신을 뜬다.〉며 감내할 수 없는 고통을 호소한다. 그리하여 시인은 심각한 '근육통'에 시달리게 되고, 〈가끔씩 일탈을 꿈〉 꾸었다고 한다. 그에게는 대상포진과 같은 환난이 여러 번 엄습하였을 터이지만, 그 고통을 잘 극복하고 아름다운 시를 창작하는 시인이 된다.

그가 힘든 세상에서 긍정할 수 있는 바탕은 아버지로부터 물려받은 것이라고 한다. 청소년 교육에 매진하던 그의 부친은 불심(佛心) 또한 깊었다. 이 불심은 일체유심조(一切唯心造)의 경지에 이르게 되고, 자신의 마음에 선한 매듭을 짓는다. 그 불심을 이어받아 시인은 대학에서 사회복지학을 전공하며 긍정적 시심을 다진다. 그리하여 시인 스스로 돈오(頓悟)와 점수(漸修)를 생활화한다. 돈오(頓悟)는 열심히 궁구(窮究)하던 중에 문득 도(道)를 깨닫게 되는 경지를 말하고, 점수(漸修)는 성실하게 수양을 하여 종이에 먹물이 번지듯이 도(道)에 이르는 과정을 말한다.

담쟁이넝쿨 감싸 안은 검푸른 바위
운무를 뚫고 초록하늘이 내려앉았다.
햇빛 차단된 동굴의
석벽을 열자 제 몸 사르며
모서리마다 불상을 떠받치고 있는
연꽃봉오리는 속세 향해 꽃등을 켜고 있다.

살포시 무릎 꿇고 앉은 법당

소리 없이 기도문이 흘러나온다.
닿을 수 없는 염화미소를 떠올리며
꽃불이 타들어 갈 때마다
나는 시린 등을 굽힌다.
내안을 환히 채워오는
영혼의 풍경소리를 듣는다.

봉황대 바위 끝까지
검푸른 절벽을 파고드는 불가의 넝쿨나무
운무가 스미고 간 풍경들이
붓다의 형상으로
가파른 산자락 둘러앉아
정토를 향한 순례자의 길을 비추고 있다.

—「화엄풍경」 전문

서정적 주체는 햇빛도 차단된 동굴에 들어선다. 그 안에서 제 몸을 사르며 불상을 떠받치고 있는 연꽃봉오리의 희생을 마주한다. 시인은 속세를 향해 꽃등을 켜고 부처님을 떠받드는 연꽃처럼 살기를 소망한다. 자신도 모르는 사이에 '기도문'이 흘러나오고, 그 때 자신의 내면에 충일하는 영혼의 풍경소리를 듣는다. 이 작품은 담쟁이 넝쿨, 검푸른 바위, 운무, 초록하늘, 동굴, 석벽, 불상, 연꽃, 법당, 풍경소리, 절벽, 불가, 풍경, 붓다, 정토, 순례자 등의 시어에 불성을 투사(投射)한다. 즉 처처불심(處處佛心)의 시적 변용이며, 물물불성(物物佛性)의 눈부신 깨달음이다.

이와 같은 전성희 시인의 작품 양상을 대하면서 귀한

시인을 만난 행복감에 젖는다. 작품의 표면적 의미와 비유적 원관념을 탐색하면서 휘몰아치는 감동에 젖는다. 그래서 그의 시심이 빛나는 새로운 작품 창작을 기대하게 한다.

당신의 귀가 닫힌다

전성희 시집

발 행 일 | 2013년 9월 9일
지 은 이 | 전성희
발 행 인 | 李憲錫
발 행 처 | 오늘의문학사
출판등록 | 제55호(1993년 6월 23일)
주 소 | 대전 동구 삼성1동 125-6 한밭오피스텔 401호
전화번호 | (042)624-2980
팩시밀리 | (042)628-2983
홈페이지 | http://www.lito77.co.kr(홈페이지)
전자우편 | hs2980@hanmail.net

공 급 처 | 한국출판협동조합
주문전화 | (070)7119-1741~2
팩시밀리 | (031)944-8234~6

ISBN 978-89-5669-565-5 (03810)
값 10,000원

* 이 책은 2013년 부산진구 문화예술 창작지원금 일부를
지원받아 제작되었습니다.